FÊTES

DE LA BÉATIFICATION

DE

JEANNE D'ARC

A ROME

LE 18 AVRIL 1909

(SOUVENIRS DE VOYAGE D'UN PÈLERIN)

CHALONS-SUR-MARNE

IMPRIMERIE MARTIN FRÈRES, PLACE DE LA RÉPUBLIQUE, 59

1909

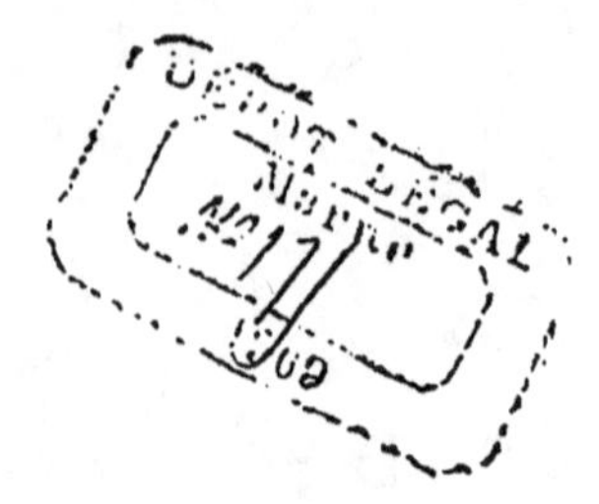

FÊTES DE LA BÉATIFICATION DE JEANNE D'ARC

A ROME

FÊTES

DE LA BÉATIFICATION

DE

JEANNE D'ARC

A ROME

LE 18 AVRIL 1909

(SOUVENIRS DE VOYAGE D'UN PÈLERIN)

CHALONS-SUR-MARNE

IMPRIMERIE MARTIN FRÈRES, PLACE DE LA RÉPUBLIQUE, 50

1909

FÊTES

DE LA

BÉATIFICATION DE JEANNE D'ARC

A ROME

LE 18 AVRIL 1909

MESSIEURS,

C'est toujours avec le plus grand empressement que, dans cette Maison d'Œuvres de C..., vous êtes venus jusqu'ici assister aux réunions et conférences organisées, soit par son Directeur, soit par le Cercle d'études, et y applaudir des conférenciers, éminents pour la plupart, qui toujours ont su vous intéresser.

Je doute fort qu'il en soit de même aujourd'hui, car pour décrire Rome et ses splendeurs, il faudrait une plume plus facile et plus autorisée que la mienne, et j'avoue de suite que je ne me crois nullement qualifié pour traiter un pareil sujet.

Mais j'ai dû m'incliner devant un désir auquel aucun de nous n'a jamais résisté, à la condition cependant, que ce serait sous la forme d'un simple récit, fait en famille, car nous sommes bien en famille à

N. D. D. T., que j'essaierais de traduire devant vous les impressions ressenties au cours de ce voyage, de ce pèlerinage à Rome.

Sur tous ceux qui peuvent consacrer leurs loisirs à voyager, Rome, en tout temps, a exercé une attraction particulière, et pour tout Catholique, après la Terre Sainte, il n'est pas de but plus désirable.

Mais quand, comme au 18 Avril de cette année 1909, vient se joindre à cet attrait, permanent si je puis dire, celui de pouvoir être témoin de solennités aussi grandioses que celles de la Béatification de notre si pure et si grande héroïne nationale, Jeanne d'Arc, on comprend cet élan spontané, cette envolée superbe vers la Ville éternelle, de 40,000 des nôtres, chrétiens et bons Français, affrontant les fatigues d'un assez long voyage pour aller, eux aussi, porter aux pieds du Saint-Père, le témoignage de leur attachement à la Religion et à la Patrie.

Un bon ami, bien connu aussi de vous, M. C. ., m'accompagnait dans ce voyage. Aussi est-ce en son nom et au mien que je parlerai, et si vous le voulez bien, j'emploierai dans ce récit le plus souvent le pluriel.

Donc, le Lundi de Pâques 12 Avril, à 8 heures du soir, nous prenons à C...... le train spécial parti d'Amiens quelques heures plus tôt.

A Chaumont, nous sommes rejoints par les pèlerins du diocèse de Troyes, conduits par leur Evêque, Mgr Monnier, dont la présence parmi nous jusqu'à Rome fut un véritable bienfait pour tous. Il fallait le voir, parcourant tout le train, allant d'un compartiment à l'autre, y prenant place pendant quelques instants, mettant tout le monde à l'aise par sa simplicité et le charme de sa conversation.

Et il en fut ainsi pendant tout le voyage, au retour

comme à l'aller. Nous garderons de Mgr Monnier le meilleur souvenir.

Le Mardi 13, au jour naissant, nous longeons les lacs de Bienne et de Neufchâtel, et vers 8 heures nous sommes à Lausanne, où nous montons dans les wagons suisses qui nous conduiront jusqu'à Rome. Nous sommes alors au complet, et notre train transporte 570 personnes.

De Lausanne, nous suivons la rive nord du lac de Genève jusqu'à Saint-Maurice. Puis sur un parcours d'environ 100 kilomètres, c'est la belle vallée du Rhône, avec à droite et à gauche, les Alpes aux cimes neigeuses, les cascades.

Nous la quittons à Brig, où les deux locomotives qui nous ont remorqués jusque là font place à des machines électriques pour la traversée du tunnel du Simplon, dans lequel nous nous engageons vers midi, et que nous franchissons en 22 minutes. Ce tunnel est le plus long du monde entier, car il a 19,729 mètres, alors que le Saint-Gothard n'atteint pas 15,000. Quand en express, on est sous un tunnel pendant 22 minutes, je vous assure que le temps semble long.

Et comme toutes les portières sont fermées, non pour la fumée, mais en raison des infiltrations, la chaleur atteint jusque 30 degrés dans les compartiments.

Enfin nous revoyons le jour, et au débouché du tunnel, nous sommes à Iselle, première gare italienne.

Jusqu'à Domodossola, où eut lieu la formalité de la douane, la ligne présente une succession de tranchées, de tunnels, et son établissement n'a pas coûté moins de un million de francs par kilomètre.

Notre arrivée à Baveno, pour le déjeuner, était prévue pour midi 1/2, mais nous n'atteignons ce point qu'à 2 h. 1/2.

Pour des estomacs solides, un retard de deux heures ne

tire pas autrement à conséquence ; mais il n'en est pas ainsi pour ceux auxquels s'impose une parfaite régularité, et si la chose se renouvelle, comme ce fut le cas, ces retards exercent sur eux une désastreuse influence. Quelques-uns de nos compagnons en firent la dure expérience.

Mais nous fûmes amplement dédommagés par le panorama superbe qui s'offrait à nos yeux.

Le lac Majeur était à nos pieds, avec sa vaste nappe d'eau d'un bleu foncé, entouré d'un bel amphithéâtre de montagnes, et à l'horizon les blancs sommets des Alpes.

Les villas s'étageant sur les rives du beau lac, et au milieu, devant nous, les trois îles Borromées, tout cela offrait un spectacle enchanteur, que nous dûmes quitter àreg ret pour continuer notre route.

Mais jusqu'à Sesto-Calende, à son extrémité méridionale, soit sur un parcours de 40 kilomètres, notre vue reposa toujours sur le lac Majeur.

Notre retard eut aussi une autre conséquence. En raison de la perturbation qu'il causait dans le service sur la ligne de Gênes, par Novare et Alexandrie et que nous devions suivre, c'est par Milan et Pavie qu'on nous dirigea sur Gênes, soit un détour d'environ 30 kilomètres.

Vers 7 heures du soir, nous sommes en gare de Milan. Nous contournons la ville, et ce n'est qu'en marche et à distance que nous apercevons sa magnifique cathédrale et ses principaux monuments.

Avant Pavie, à la nuit tombante, en pleine campagne, nous restons en panne pendant plus d'une demi-heure, par suite d'une rupture d'attelage.

La nuit est complète lorsque nous traversons Pavie, et notre marche se poursuit alors d'une façon régulière jusqu'à minuit 1/2, heure de notre arrivée à Gênes.

Le temps de quitter la gare, de gagner les hôtels et de s'y installer, il est une heure du matin lorsque nous nous mettons à table pour le dîner.

Deuxième et grave accroc pour les estomacs à service régulier.

Il fallait bien prendre un peu de repos, et comme nous devions quitter Gênes à midi, la visite de la ville fut forcément écourtée et ne put comprendre que quelques points principaux : le port, la belle église de l'Annunziata, la cathédrale San-Lorenzo et surtout le fameux cimetière, le Campo-Santo, le plus beau d'Italie.

C'est un vaste quadrilatère dont les arcades abritent de magnifiques tombeaux, et dans lequel on pénètre par une entrée monumentale. Au centre, un grand jardin en ovale avec aussi ses rangées de tombeaux ; des escaliers et des rampes très larges montant aux colonnades du haut. L'ensemble est très imposant et du plus saisissant effet, et vraiment il faut aller en Italie pour se rendre compte du culte qui y est rendu aux morts.

Le Mercredi 14, nous quittons Gênes à midi, et suivons le littoral du golfe et de la mer Tyrrhénienne.

Jusqu'à Pise, qui est à 165 kilomètres de Gênes, c'est une succession de tunnels (on en compte 90), qui masquent trop souvent : à droite la vue de la mer ; à gauche les coteaux chargés d'une végétation superbe, et tout parsemés d'oliviers, de cactus, d'eucalyptus, de citronniers et d'orangers aux fruits déjà dorés.

Cette série de tunnels s'épuise enfin, et le paysage se déroule, toujours magnifique. A gauche, dans le lointain, les sommets des Apennins.

Avant Pise, c'est la Spezzia, le grand port militaire italien, dans lequel nous voyons distinctement les navires de guerre.

C'est Carare avec ses collines ou plutôt ses montagnes de marbre, blanches jusqu'au sommet.

A deux ou trois kilomètres de Pise se produit une seconde rupture d'attelage, et pendant une demi-heure, nous devons attendre qu'une autre machine vienne nous remorquer.

Avant d'entrer en gare, la marche lente du train nous permet de voir, à un demi-kilomètre, la Cathédrale, le Baptistère et la fameuse tour penchée, dont l'inclinaison est réellement très marquée.

Un arrêt de vingt minutes est insuffisant pour s'éloigner de la gare, et à 6 heures nous quittons Pise pour nous diriger sur Rome que nous espérons bien, cette fois, gagner sans encombre. Notre arrivée y était prévue pour le Mercredi 14, avant minuit, mais c'est le Jeudi 15, à 5 heures du matin, que nous faisons notre entrée dans la Ville Eternelle.

Nous sommes donc à Rome, Messieurs, et c'est là surtout que vous pourriez juger de l'insuffisance du modeste narrateur que je suis, si j'avais la prétention de vous dire, même sommairement, ce qu'est cette célèbre cité ; de vous décrire les splendeurs de Saint-Pierre et des principales basiliques ; d'essayer de vous donner une idée de ces vestiges gigantesques d'une civilisation antique qui eut assurément ses grandeurs, ses triomphes, mais aussi ses cruautés et ses vices, parce qu'il lui manquait cette auréole du christianisme triomphant, imprimée à jamais à la nôtre par sainte Hélène et son glorieux fils, l'empereur Constantin.

Le Mont Palatin, le Mont Janicule, le Forum, la colonne Trajane, les Thermes de Caracalla, de Dioclétien, la prison Mamertime, le Colisée, les Catacombes !

C'est par l'esprit surtout que nous devons revivre ces souvenirs, et pour moi il serait téméraire de tenter d'en tracer une pâle esquisse.

Aussi me bornerai-je à vous faire connaître l'emploi de notre temps dans Rome, et cela le plus brièvement possible.

Arrivés à 5 heures du matin, nous ne prenons que quelques instants de repos, et dès 8 heures nous nous dirigeons vers Saint-Pierre, où Mgr l'Evêque de Troyes doit célébrer la messe du pèlerinage.

Comment pourrais-je vous décrire l'aspect imposant et grandiose de cette immense place Saint-Pierre, de forme elliptique, enveloppée par cette colonnade gigantesque, œuvre du Bernin, comprenant 284 colonnes sur 4 rangs, 88 piliers hauts de 30 mètres, des portiques couronnés par une balustrade surmontée elle-même de 192 statues colossales.

Au centre, l'Obélisque de Sixte-Quint, et de chaque côté deux belles fontaines toujours jaillissantes.

Au fond de cette place et la dominant, la Basilique à laquelle on accède par un vaste escalier à trois rampes, et dans laquelle on pénètre par un portique de 117 mètres de long sur 15 de large, aux extrémités duquel on remarque : à gauche la statue de Charlemagne ; à droite celle de Constantin.

Nous ne pouvons pour l'instant, que jeter un coup d'œil d'ensemble sur l'intérieur que nous examinerons ultérieurement plus à loisir, car les voitures nous attendent sur la place pour la visite de la Ville.

Sous la conduite de guides expérimentés, c'est par le Mont Janicule que nous commençons.

Nous y visitons l'église Saint-Pierre *in Montorio*, élevée au lieu même où l'Apôtre subit le martyre.

De là nous dominons la ville entière et pouvons contempler le splendide panorama de Rome.

A gauche : le Dôme de Saint-Pierre, le Château Saint-Ange, dont la masse imposante est surmontée de la statue colossale de l'Archange, plus loin le Mont Pincio et le Palais Borghèse ; à droite, au loin dans la campagne : Saint-Paul-Hors-les Murs, Saint-Paul-Trois-Fontaines. Devant nous, le Trastevère, le Tibre, le Mont Palatin avec ses ruines des palais des Césars, le Colisée, le Forum, le Capitole, le Palais Farnèse, et plus au centre le Panthéon d'Agrippa.

Par le Trastevère et le pont Palatin, nous arrivons à Saint-Jean-de-Latran.

Sous le portique, à gauche, se trouve la statue de Henri IV, roi de France. L'admirable intérieur de la Basilique comprend cinq nefs, un transept et une abside.

Les nefs latérales renferment les tombeaux de plusieurs Papes, et dans le transept nous remarquons celui qui attend Léon XIII, encore à Saint-Pierre.

Dans le beau cloître contigü à l'église, on s'arrête devant la margelle du puits de la Samaritaine.

A côté de la Basilique : le Baptistère de Constantin et la Scala-Santa, cet escalier de 28 marches de marbre blanc, qu'on ne monte qu'à genoux, provenant du palais de Pilate et que le Christ gravit deux fois. Il fut transporté de Jérusalem à Rome par sainte Hélène.

A l'extrémité de l'esplanade et faisant face à Saint-Jean-de-Latran : Sainte-Croix de Jérusalem, où l'on vénère une partie notable de la vraie Croix, amenée aussi à Rome par sainte Hélène.

Nous consacrons le reste de la journée à Saint-Laurent-Hors-les-Murs, où l'on remarque dans la crypte, le tombeau de Pie IX, et de belles mosaïques représentant quelques épisodes saillants de sa vie. Près de la Basilique : le Cloître et le Campo-Santo.

Le Vendredi matin, nous parcourons d'abord les beaux jardins du Vatican, puis pénétrant dans cet immense palais, dans lequel se trouve 22 cours, nous visitons ses incomparables Musées.

Nos regards étonnés admirèrent ces merveilles : les Chambres et les Loges de Raphaël, la Bibliothèque, la Salle Royale, la Chapelle Sixtine avec son célèbre tableau du « Jugement dernier », de Michel-Ange. C'est à regret qu'à midi nous quittons le Vatican.

L'après-midi, sortant de Rome par la *via* Saint-Sébastien et la porte de ce nom, laissant à droite les Thermes de Caracalla, à gauche, ce qui reste des tombeaux des Scipions, nous suivons cette célèbre Voie Appienne, longue de 15 kilomètres, large de 10 mètres environ, et bordée de murs épais très anciens.

Assez loin de Rome, une petite église y est érigée, avec cette inscription : « *Domine, quo Vadis* ».

C'est l'endroit même où l'Apôtre Pierre, accompagné de Nazaire (depuis saint Nazaire), quittant Rome, lui aussi, sous la violence de la persécution Néronienne, vit une nuée lumineuse qui s'avançait vers lui, et dans laquelle il reconnut le Sauveur portant sa Croix.

Pierre tomba à genoux et lui dit : « *Domine, quo Vadis* » (« Seigneur, où vas tu ? ») Et le Sauveur lui répondit : « Puisque tu abandonnes mes brebis, je vais à Rome pour y être crucifié une seconde fois. »

La vision disparut et Pierre se relevant, retourna sur ses pas. Et à Nazaire qui n'avait rien vu et qui, étonné, lui demandait : « Maître, où allons-nous donc ? », il répondit : « Nous retournons à Rome, Nazaire. »

Quelques instants après, à 30 mètres sous terre, dans la campagne romaine, nous étions dans les Catacombes Saint-Calixte.

Guidés par des Pères Trappistes, nous parcourons ce dédale de galeries de 0m 80 de largeur, hautes de 4 mètres, creusées à même dans le sol, et qui pendant des siècles, servirent de sépulture aux chrétiens de Rome, martyrs et autres.

De chaque côté, des cavités superposées dans lesquelles

on plaçait les corps, et de place en place, des chambres étroites ou chapelles qui servaient aux assemblées nocturnes.

Remontés au jour, nous revenons à Rome et arrivons au Colisée.

Dans la contemplation de cette ruine gigantesque, l'esprit demeure confondu.

Parcourant l'arène, le cœur se serre en foulant ce sol qui fut abreuvé du sang de tant de milliers de martyrs, en jetant le regard sur ces gradins où 80.000 spectateurs, aux mœurs barbares, applaudissaient à l'effroyable spectacle.

Près du Colisée, l'Arc de Constantin érigé en souvenir de la victoire remportée par lui sur Maxence.

Remontant le Forum romain, au milieu de tous ces antiques débris de temples, d'arcs, de colonnes brisées, nous arrivons à la prison Mamertine.

Elle comprend 2 chambres superposées, creusées dans la roche. Dans le sol de la chambre supérieure, un orifice circulaire par lequel les prisonniers étaient jetés dans la chambre inférieure.

Ceux qui n'y trouvaient pas la mort n'en sortaient que pour aller au Colisée, périr sous la dent des fauves.

Dans la muraille, une porte de fer aux verroux rouillés fermant cette ouverture par laquelle les corps étaient jetés aux gémonies.

C'est là que saint Pierre et saint Paul furent enchaînés et où ils convertirent de nombreux prisonniers, notamment leurs deux geôliers. Pierre les baptisait avec l'eau d'une source qui existe encore et qui, à sa prière, jaillit à ses pieds.

Là aussi Vercingétorix, cet héroïque défenseur des Gaules, paya de sa tête la gloire d'avoir été l'adversaire souvent victorieux de César, car en ces temps le vaincu, si grand fut-il, n'avait pas à compter sur la générosité du vainqueur.

Nous quittons ce lieu impressionnant, pour visiter, non loin de là, la belle église de l'Ara-Cœli.

Près de là aussi, le Capitole, sur la place duquel on remarque la statue équestre, en bronze, de Marc Aurèle, œuvre, croit-on, de Michel-Ange.

Le samedi matin ce furent :

Sainte-Marie-Majeure, où l'on admire, à droite la chapelle du Saint-Sacrement, renfermant les tombeaux de Sixte-Quint et de Pie V ; à gauche, la chapelle Borghèse, avec ceux de Clément VIII et de Paul V ; et sous l'autel papal, la chapelle souterraine où sont conservés les bois de la Crèche de Bethléem ;

Saint-Paul-Hors-les-Murs, dont le superbe intérieur est divisé en cinq nefs, par 80 colonnes. A droite et à gauche de la confession, les statues colossales de saint Pierre et de saint Paul ; dans le transept et de chaque côté de la nef principale, au-dessus des colonnes, les portraits de tous les Papes, depuis saint Pierre, jusqu'à Léon XIII, en mosaïque ;

Saint-Pierre-aux-Liens, où sont conservées dans un reliquaire les chaînes de l'apôtre. Dans une chapelle le tombeau de Jules II, dont fait partie le célèbre et colossal Moïse, de Michel-Ange.

On raconte que l'artiste, contemplant son œuvre enfin terminée, la trouva si parfaite, si expressive, que de son marteau lui frappant le genou, il s'écria : Parle donc, maintenant, puisque tu vis !

Je passe sur les splendeurs de ces basiliques, décorées de riches plafonds, ornées des plus belles fresques de Michel-Ange et de Raphaël, pour vous retenir un instant à Sainte-Cécile, élevée au Trastevère, sur l'emplacement même de la demeure de cette glorieuse martyre, si vénérée en France.

Par une cour, dans laquelle existent encore des colonnes, on pénètre dans l'église.

Sous un autel, un beau marbre représente la sainte, étendue dans la position où, après des siècles, son corps fut trouvé aux Catacombes lorsqu'on ouvrit son tombeau.

Aujourd'hui elle repose dans l'admirable crypte, où l'on remarque ces dallages conservés, que ses pieds ont foulés, et l'émotion vous étreint le cœur en contemplant cette chambre de bains, dans laquelle cette jeune patricienne romaine souffrit le martyre, plutôt que de renier sa foi.

Après-midi, nous visitons Saint-Louis-des-Français, le Gésu, Saint-Ignace et le Panthéon d'Agrippa, cette curieuse construction romaine très bien conservée, et dans lequel se trouvent les tombeaux de Raphaël, de Victor-Emmanuel II et Humbert Ier.

Messieurs, à C . ., j'appartiens à la plus petite paroisse de la ville, Sainte-Pudentienne, et je m'étais bien promis de ne pas quitter Rome sans avoir visité l'église qui y porte aussi ce nom.

Si à Rome, comme à C...., Sainte-Pudentienne est modeste, elle n'en est pas moins aussi vénérée et visitée que les plus splendides basiliques, car elle est la plus ancienne des églises de Rome. Elle est édifiée aussi sur l'emplacement de la maison du sénateur Pudens, dans laquelle, dix ans après le Drame du Calvaire, sur une table de chêne conservée sous un autel, l'apôtre Pierre offrait le sacrifice. On y remarque ce souterrain dans lequel il instruisait et baptisait les premiers adeptes, et ce puits dans lequel sainte Pudentienne et sainte Praxède, filles de Pudens, cachaient les corps des martyrs, en attendant leur transfert aux Catacombes.

Je garderai de cette visite un souvenir ineffaçable.

Le Dimanche 18 est arrivé. C'est le grand jour de la Béatification, et là encore, j'avoue mon impuissance à vous en dépeindre la physionomie.

La cérémonie était annoncée pour 9 heures et demie,

et dès 8 heures l'immense place Saint-Pierre était déjà remplie par une foule compacte, s'y déversant à flots pressés, de tous côtés.

Au fronton de l'édifice, à cette loggia d'où le Pape autrefois, le jour de Pâques, bénissait la Ville et le Monde, ce n'était pas un spectacle banal que de voir, sur une grande tapisserie, l'humble bergère de Domrémy écoutant ses voix.

Sous le portique, d'autres tapisseries représentant toute l'épopée, jusqu'au bûcher.

Nous pénétrons dans la basilique, superbement décorée. Les piliers disparaissent sous les tentures grenat et or.

Dans le fond, l'abside, dont les ouvertures sont tendues de draperies, est merveilleusement illuminée par une profusion d'ampoules électriques.

Au-dessus de la Chaire de Saint-Pierre, la Gloire de Jeanne d'Arc, encore couverte d'un voile qu'on n'enlèvera qu'après la lecture du Bref de Béatification, est surmontée d'une superbe couronne de perles d'or.

Dans les tribunes dressées contre les quatre piliers de la Coupole et dans les loges autour de la Confession de Saint-Pierre, prend place le public des privilégiés : le Corps diplomatique, les hauts fonctionnaires du Vatican, les invités.

A 9 heures et demie, le cortège imposant des Cardinaux et Evêques, parmi lesquels nous reconnaissons avec plaisir Monseigneur S...., sort des sacristies, se déroule par un bas-côté pour redescendre processionnellement la grand'nef et pénétrer dans l'abside, aux accents d'un chant magistralement exécuté.

Le Secrétaire des Rites monte alors sur une estrade qui lui a été préparée et donne lecture du Bref.

Cette lecture terminée, sur un signe du Cardinal Rampolla, archiprêtre de Saint-Pierre, le voile tombe

et Jeanne d'Arc apparaît dans la Gloire, autour de laquelle jaillissent des faisceaux électriques de lances.

Un long frémissement court dans l'assistance et des larmes coulent des yeux de tous les Français.

Les cloches de la Basilique et de toutes les églises de Rome sonnent à toute volée, annonçant à la Ville et au Monde que Jeanne d'Arc vient d'être solennellement proclamée Bienheureuse.

Alors Monseigneur Touchet, évêque d'Orléans, entonne le *Te Deum*, qui est chanté par le Clergé et tous les assistants.

L'effet de ce chant, par des milliers de poitrines, est prodigieux, et aucun de ceux qui ont recueilli cette impression ne l'oubliera.

Puis l'évêque d'Orléans revêt les ornements pontificaux, et assisté par les chanoines de Saint-Pierre, il célèbre la Messe solennelle, pendant laquelle la Chapelle Giulia fait entendre de très belles mélodies.

Il est 11 heures et demie lorsque la cérémonie est terminée.

Dans le même ordre, le cortège rejoint les sacristies, et la foule s'écoule lentement.

Après le déjeuner, vers 2 heures et demie, nous nous faisons un devoir de nous rendre à Saint-Louis-des-Français, où était descendu Monseigneur S...., pour lui présenter nos hommages.

Nous sommes heureux de l'y trouver, et pouvons vous assurer qu'il fut touché de notre visite qui lui causa le plus vif plaisir.

C'est à 5 heures que Pie X doit se rendre à Saint-Pierre pour y vénérer la nouvelle Bienheureuse, et dès 3 heures, heure fixée pour l'ouverture des portes, il est presque impossible de circuler sur l'immense place, où un service d'ordre a été organisé.

Des gardes municipaux à cheval se tiennent immobiles, entre l'obélisque et le grand escalier, en haut duquel une double rangée de carabiniers, par trois brèches correspondant aux trois portes d'entrée, laisse pénétrer dans l'intérieur les personnes munies de billets. Pendant deux heures, la foule pénètre, pénètre toujours, et à la dernière demi-heure, on peut, sans exagération, l'évaluer à 60,000 personnes.

Vers 4 heures, un mouvement se produit. C'est la Garde Palatine, qui, sortant du Vatican, vient occuper, sur une double haie, le passage réservé sur toute la longueur de la grand'nef. Des cantiques sont chantés par toute l'assistance sous la direction de M. l'abbé Garnier, qui annonce que c'est au chant du *Credo* que le Saint-Père désire faire son entrée.

Un peu avant 5 heures les portes sont fermées, et un frisson court dans l'assemblée, qui voit approcher le moment solennel.

Tous les regards sont fixés sur les tentures qui ferment la Chapelle du Saint-Sacrement, par laquelle le Pape doit entrer dans Saint-Pierre, et celle de la Pieta, dans laquelle tous les Cardinaux et Évêques sont assemblés pour le recevoir.

A 5 heures, les tentures s'ouvrent et la tête du cortège apparaît. Il se déroule imposant, en double file :

Cardinaux et Évêques, Chapelains, Camériers secrets, Camériers d'honneur de cape et d'épée, en costumes somptueux.

Puis enfin la Sedia gestatoria, sur laquelle Pie X, tout blanc, apparaît, précédé et entouré par sa garde-noble.

Le visage grave et triste, il s'avance lentement, bénissant cette immense foule inclinée, et qui, dédaignant tout l'apparat, n'a de regards que pour le Pontife.

Pie X descend de la Sedia devant l'autel de la Chaire de Saint-Pierre, puis se mettant à genoux, il adore le

Saint-Sacrement et offre l'encens à la Bienheureuse Jeanne.

Un hymne triomphal est exécuté par des chœurs, puis un salut solennel et la bénédiction donnée par Monseigneur Touchet.

Le Saint-Père remonte sur la Sedia, et au chant du *Tu es Petrus*, il suit à nouveau la grand'nef, bénissant toujours la foule, au-dessus de laquelle s'agitent des milliers de mains, les acclamations étant rigoureusement interdites.

Il disparaît par la Chapelle de la Pieta dont les tentures retombent.

Il est 6 heures. Les portes de la Basilique s'ouvrent, et à flots pressés, la foule s'écoule sur la place, qui présente alors un spectacle sans précédent.

100,000 personnes peut-être sont là, contemplant encore cet édifice dans lequel viennent de se passer de si grandes choses.

Et c'est ainsi que s'achève cette journée inoubliable, chacun cherchant à en fixer les grandes lignes dans son esprit, pour en conserver un souvenir impérissable.

Le lendemain, lundi 19, devait être encore un jour heureux pour les pèlerins Français.

A 11 heures, en effet, avait lieu, dans Saint-Pierre même, l'audience générale qu'avait bien voulu leur accorder le Saint-Père.

Le cérémonial extérieur et intérieur étant le même que celui de la veille, je passerai sur les détails.

Nous revîmes Pie X, sur la Sedia, se dirigeant vers l'autel de la Confession, où un trône lui était préparé.

Non loin de lui, un drapeau français, apporté par les Orléanais.

Au nom du Clergé et des pèlerins, Monseigneur Touchet donna lecture d'une Adresse à laquelle le Pape répondit en français. Trop éloignés pour distinguer les paroles. nous entendîmes cependant sa voix forte, mieux encore lorsqu'il donna à tous sa bénédiction solennelle. L'audience terminée, Pie X remonta sur la Sedia, et à ce moment se produisit un incident émouvant.

Passant à portée du drapeau français, le Saint-Père en prit l'un des plis qu'il porta à ses lèvres.

Malgré la rigoureuse défense, spontanément des applaudissements nourris éclatèrent, aussitôt réprimés sur un signe de sa main.

Comme la veille, le retour à la Chapelle de la Pieta s'effectua par la grand'nef, et à ce moment nous pûmes remarquer que la physionomie de Pie X était souriante et presque joyeuse.

Les grandes cérémonies avaient pris fin, et nous n'avions plus qu'une demi-journée à passer dans la Ville Eternelle.

Nous l'employâmes à parcourir à nouveau la grande Basilique.

Sous la coupole, nous revîmes cet autel réservé au Pape : la Confession de Saint-Pierre, renfermant le tombeau de l'Apôtre, où l'on descend par un escalier à double rampe, au bas duquel est la statue en marbre blanc de Pie VI en prière.

142 lampes en cuivre doré y sont jour et nuit allumées, excepté le Vendredi-Saint. Toutes ces merveilles sont surmontées d'un somptueux baldaquin, haut de 29 mètres, en bronze doré, et soutenu par 4 colonnes torses.

Puis sur les bas-côtés : à droite les chapelles de la Pieta, de Saint-Sébastien, du Saint-Sacrement, Grégorienne ; à gauche le Baptistère, les chapelles de la Présentation, Clémentine. Dans chacune d'elles, la représentation en mosaïque des chefs-d'œuvre de Raphaël et de Michel-Ange, dont les originaux sont au Vatican, et les superbes tombeaux de quinze Papes.

Au-dessous d'une porte, dans la nef latérale de

gauche, nous remarquons un sarcophage renfermant le corps de Léon XIII, attendant son transfert à Saint-Jean-de-Latran.

Et cette coupole surmontée d'une croix qui est à 137 mètres du sol. Cette coupole sous laquelle le sommet des tours de Notre-Dame de Paris n'atteindrait que le commencement de la courbure. Tout cela est prodigieux et l'œil du visiteur est surpris et déconcerté.

Mais nous devons nous arracher à cette contemplation, car le soir tombe et dans quelques heures nous allons quitter Rome.

Suivant une légende, tous ceux qui se trouvant à Rome pour la première fois, jettent une pièce de monnaie, ne fût-ce qu'un sou, dans la vasque de la belle fontaine de Trévi, sont assurés d'y retourner. C'est avec plaisir et dans cet espoir que nous nous conformons à l'usage, et nous rentrons à l'hôtel d'Orient, où nous faisons nos préparatifs de départ.

Après le diner, les voitures nous conduisent à la gare Termini, et à 10 heures notre train se met en marche pour Florence, où nous arrivons à 5 heures du matin, le mardi 20 avril.

Bien que fatigués quelque peu, nous ne prenons pas de repos, et à 8 heures nous sommes au Dôme, à la Cathédrale Sainte-Marie-des-Fleurs, où était dite la Messe du Pèlerinage.

Lorsqu'on sort de Rome, la transition est brusque, car, à Florence comme partout ailleurs maintenant, c'est l'extérieur qui est imposant, et l'intérieur paraît nu, bien qu'il renferme quelques belles peintures, statues et tombeaux.

Tout en marbre blanc et noir comme le Dôme, à côté se dresse le Campanile, haut de 84 mètres, et en face le Baptistère, de forme octogonale, dont l'une des portes de bronze est une merveille artistique, et si belle que

Michel-Ange disait qu'elle était digne de fermer le Paradis.

Nous visitons ensuite les églises San-Marco et de l'Annunziata, sur les places portant ces mêmes noms.

Place de la Seigneurie : c'est le Palais des Offices, relié au Palais Pitti par un corridor de 600 mètres de long.

Les riches collections des Médicis, renfermées dans les galeries de ces palais, font de ce musée l'un des premiers du monde.

C'est le Palais Vieux, actuellement l'Hôtel de Ville de Florence, avec ses remarquables salles (notamment celle du Conseil municipal), anciens appartements de Léon X.

Non loin de là, un curieux pont avec ses magasins d'orfèvrerie, conduit au Palais Pitti, sur la rive gauche de l'Arno.

Dans la belle église Santa-Croce, on admire de belles fresques de Giotto, et les tombeaux de Michel-Ange, de Galilée, de Machiavel, de Rossini.

Je passe, Messieurs, car c'est le retour, et il faut abréger.

Le mercredi matin 21, nous quittons Florence, et à 3 heures après-midi, après avoir passé ces deux beaux fleuves : le Pô et l'Adige, nous arrivons à Padoue. Les deux heures dont nous disposons sont consacrées entièrement à la Basilique de Saint-Antoine et à son riche Trésor.

A 4 heures, un salut y est célébré et nous regagnons la gare pour nous diriger sur Venise où nous arrivons à 6 heures 1/2, ayant en 8 minutes franchi ce pont de 222 arches, de près de 4 kilomètres, établi sur les lagunes.

Du quai même de la gare, nous prenons le bateau à vapeur, qui traversant Venise par le grand canal, la rade, en une demi-heure nous conduit au Lido, aux hôtels qui nous sont destinés.

Nous ne sommes pas les plus mal partagés, car au Lido il y a une très belle plage, l'air est très pur et l'on jouit d'une vue admirable sur l'Adriatique.

Le lendemain jeudi fut une véritable journée de repos. A 7 heures 1/2, nous quittons le Lido, les uns en bateau à vapeur, les autres en gondole.

Laissant à droite le cuirassé « André Doria » et deux torpilleurs ; à gauche une flotte de bâtiments de tout genre et de tout tonnage, nous abordons, après une traversée d'un 1/4 d'heure, au quai des Esclavons, près du Palais des Doges.

En pleine rade, nous avions dépassé une gondole portant Monseigneur l'Evêque de Troyes, qui venait à Saint-Marc, dire la Messe du pèlerinage, à laquelle nous assistâmes.

L'église Saint-Marc, en forme de croix grecque, avec ses coupoles byzantines et son luxe d'ornementation, présente un aspect remarquable et tout particulier.

En visitant l'intérieur très intéressant aussi, nos regards s'arrêtaient sur ce trône patriarcal qu'occupait encore il y a quelques années, le Pape Pie X, tant regretté à Venise dont il est aujourd'hui la gloire.

On dit de la place Saint-Marc qu'elle est le salon de l'Europe. Elle est superbe, en effet, avec ses anciennes Procuraties, ces palais symétriques qui l'entourent de trois côtés, et au fond, sur le quatrième côté, la Basilique.

Ses pigeons légendaires sont toujours là, et ils n'eurent certes pas à regretter notre passage.

A gauche, dans l'angle près de l'église, la tour de l'horloge, au sommet de laquelle sont deux géants de bronze frappant les heures.

A droite, c'est ce campanile qui s'est effondré en 1902, aujourd'hui en reconstruction. Actuellement, il atteint 56 mètres et sa hauteur totale sera de 99, comme avant sa chute.

A 10 heures, nous visitons le Palais Ducal, ce curieux spécimen de l'architecture vénitienne, dont l'intérieur est toujours admirable.

En parcourant ces vastes et magnifiques salles, ornées de belles et grandes fresques du Tintoret et de Paul Véronèse : la salle du Sénat ; celle du Grand Conseil (la plus somptueuse, paraît-il, de l'Europe) ; celle du Conseil des Dix, où les jugements étaient rendus sans appel, etc., ces prisons effrayantes ; ce Pont des Soupirs ; on a conscience de ce qu'était, au temps des Doges, cette république de Venise, dont la puissance s'exerçait sur l'Europe presque entière.

L'église Notre-Dame du Salut mérite une mention, et aussi celle du Frari, pour les remarquables œuvres du Titien qu'elle renferme.

Après-midi, en gondole, nous suivons le grand Canal, tout bordé de superbes palais, puis nous nous engageons dans les canaux latéraux. C'est une promenade très intéressante, car le spectacle est captivant.

Au pont de Rialto, nous laissons notre gondole, et à pied nous traversons quelques quartiers de Venise.

On a plaisir à suivre ces rues de deux à trois mètres au plus de largeur et bordées de riches magasins.

Si l'on se repose en gondole, dans les rues on est en sûreté Les voitures, tramways, la poussière des autos, ne vous incommodent pas, et pour cause. La statistique des écrasés est chose inconnue à Venise.

La nuit tombe et nous retournons au Lido, d'où nous voyons, dans la soirée, la ville et toutes ses lumières.

Nous rentrons de bonne heure, car il nous faut une bonne nuit, celle du lendemain devant être passée en chemin de fer.

Le vendredi matin 23, nous quittons le Lido en bateau à vapeur, et toujours par la rade et le grand Canal, nous gagnons la gare en traversant à nouveau Venise.

Nous jetons un dernier regard sur cette belle ville, et à 8 heures, notre train s'ébranle pour le retour définitif.

Nous repassons à Padoue, nous dirigeant sur Milan par Vicence, Vérone et Brescia, laissant à notre droite le lac de Garde, dont pendant 1/4 d'heure, nous longeons l'extrémité méridionale (entre Vérone et Brescia) ; traversant ces belles et fertiles plaines de la Lombardie, passant à proximité de ces localités dont chaque nom rappelle une victoire de nos armes : Lodi, Castiglione, Arcole, Montebello, Magenta, Solférino.

Nous avons le regret de ne pouvoir visiter Milan où nous ne stoppons qu'un 1/4 d'heure, et cela par suite d'une troisième rupture d'attelage qui s'était produite à Vérone.

Vers 8 heures 1/2 du soir, le tunnel du Simplon fut de nouveau franchi, mais cette fois en 27 minutes.

Après le dîner servi au buffet de Brig, nous remontons à 10 heures dans nos wagons français que nous ne quitterons plus.

A 5 heures du matin, à Delle ; visite de la douane française ; puis par Epinal et Neufchâteau, nous continuons vers Domrémy où nous arrivons à 10 heures 1/2.

Laissant nos bagages dans les compartiments, nous nous dirigeons vers la Basilique, qu'à mi-côte nous avions aperçue toute pavoisée avant d'entrer en gare, de laquelle elle est éloignée de plus de 4 kilomètres.

Nous étions attendus, car nous passons sous un arc de triomphe, en traversant Domrémy. Nous y visitons la petite église, la maison natale et la chambre de Jeanne d'Arc.

Il nous reste plus d'un kilomètre à parcourir avant d'atteindre la basilique, élevée au Bois Chenu, à l'endroit même où Jeanne écoutait ses voix.

Une Messe y fut célébrée, au cours de laquelle Monseigneur Foucault, évêque de Saint-Dié, prononça une remarquable allocution de circonstance.

Un copieux déjeuner était préparé sous un vaste hangar voisin. Il fut servi rapidement, car le temps pressait.

Nous rejoignons ensuite la gare, enchantés de cette visite qui était le complément du voyage.

A 1 heure 15, nous quittons Domrémy pour C..., où nous arrivons à 4 heures.

Et mantenant, il faut bien résumer et vous dire les impressions que nous avons gardées de ce beau voyage.

C'est en cours de route, de Domrémy à C..., que nous cherchâmes à les rassembler, à les condenser dans notre esprit, et par la pensée, c'est à Rome que nous retournions.

Nous nous disions que sans ses grands souvenirs, sans ses merveilleuses Basiliques, et surtout sans le Pape, Rome ne serait rien ;

Que dans cette Capitale, s'il y a un Souverain, libre et disposant d'une armée puissante, il y en a aussi un autre, prisonnier, sans défense ;

Nous songions que devant le Quirinal il n'y a personne ;

Et que toujours devant Saint-Pierre, dans Saint-Pierre, qui est le véritable palais du Souverain prisonnier, le monde entier se porte, attestant sa puissance.

Et nous arrivions à conclure que, malgré des défaillances passagères, comme celles dont notre pays est en ce moment le théâtre, l'Eglise Catholique est et demeurera toujours grande et forte ;

Et que, comme le Christ l'a annoncé à Pierre, rien ne prévaudra jamais contre Elle.